학춤

학 춤

박한자

현대시학시인선 136

ㅎ|ㅅ

박한자

경기도 용인에서 태어남.
숙명여자대학교 교육학과 졸업.
2013년 《문학시대》로 등단.
시집 『꽃길 만들기』가 있음.

* 시인의 말

시를 만나고

많은 친구들을 갖게 됐다.

눈에 보이는 모든 것

귀에 들려오는 모든 것이

내 가슴으로 들어와

많은 이야기를 주고받는다.

내 나이 팔순이 코앞인데

몸에서 삐거덕삐거덕 소리 나는데

그 친구들과 오래오래 살면서

시를 쓰고 싶다.

2023년 겨울에

박한자

차례

* 시인의 말

1부

국숫집에서	14
맥문동	15
봄날의 한낮	16
옹이	17
홍매화	18
먹부전나비의 사랑법	20
봄비	21
초심	22
귀	24
건망증	26
풍경	27
큰아들	28
메꽃	30
나의 시 백운란白雲蘭	31
어이며느리꽃	32
가을에	33
나를 빨다	34

2부

유리벽	38
달개비꽃 타령	40
사춘기	41
에게해 밧모섬	42
이젠 피고 싶어	44
부탁	46
고향에 와서	48
봄	50
봄날	51
시래깃국 끓이는	52
카페에서	54
초급매	56
불면不眠의 밤	57
새야	58
꽃 속으로	60
소망	62
진달래꽃	63
그때 그 나팔수	64

3부

어머니	68
누구에게 말할까?	70
백목련	71
명언 名言	72
두메꽃	74
거문고	76
어머니께 드려야지	78
나의 탱고	80
하마입이 된 남자	82
춘란	84
미사보	86
사투리	88
학춤	90
애기똥풀	92
까치 아내	94
소와 유동	96
대보름	98
손녀	100

4부

지구	102
밤에 내리는 눈은	103
자연의 기쁨	104
칠순의 손	105
"점검 중"	106
강	108
씨앗	109
꽃은 피었는데	110
추석 앞둔 시월	112
당단풍	113
어린 고사리 마음	114
그 할머니의 손아귀 힘	116
고층 아파트의 재롱	118
달팽이 시인	120
풋사과	122
아들의 뒷모습	123
석양	124

* 해설
꽃의 현상학 | 고봉준(문학평론가)

1부

국숫집에서

후루룩

메밀국수 넘기다가

내 눈이 화살촉 되어

맞은편 벽 한지에 가 박힌다

김소월 시인의

'산유화'

깊은 산속에서 돌아온 사람

때까치 되어 노래 부르고 있다

시를 사랑하는 이는 다 시인인 것을

국숫집 여주인은 어떤 시인일까

맥문동

한 자루의 꼿꼿한 붓

보랏빛 꽃물을 적셔
붓끝을 다듬어 쓰면

올곧고 싶었던 내 통한의 한뉘
한 편의 시가 되는 너는

설화지雪花紙 위에 자리잡는
내 꼿꼿함이어라

봄날의 한낮

산수유 피고 지니
영산홍이 피고

놀이터엔
깔깔대며 뛰노는
아이들의 땀방울

햇볕 가득한
벤치 위엔
옹기종기 모여 앉은 할머니들
하하 호호 웃음소리

옹이

눈바람 속

회화나무에 핀

올빼미 눈 닮은 꽃

잘려 나간 팔 하나

가슴에 묻고

아픈 밤

흘린 눈물은 은하수

육신이 피운

바람에 무심한 꽃

홍매화

바람이 시원해
산책길에 나섰다

은행나무 아래 정자에서
들려오는 귀에 익은
노랫소리

할머니 일곱 분이 앉아
손뼉 치고 노래하는 모습
홍매화다

어서 와 앉으라고 내게 손짓하는
구십육 세 할머니

'비 내리는 고모령'이 시작됐다
"어머님의 손을 놓고 돌아설 때엔

부엉새도 울었다오 나도 울었소"

함께 불렀다

가슴 절절한 그 노래

먹부전나비의 사랑법

아파트 앞뜰

선홍빛 소국 위에

먹부전나비 한 마리 앉았다

옆에 있는 꽃들

부러운 눈으로 바라보고 있는데

젖 먹은 힘까지 퍼 올려

사랑을 해 보겠다고

힘차게 온몸 떨어대더니

날개가 까맣게 탔다

봄비

젖줄기다

나뭇가지 애잎들이
한껏 젖을 먹는다

불룩한 배를 두드리며
입이 귀에 걸려 있다

작은 바위틈에 민들레는
말쑥하게 옷단장하고

콧노래 부르고 있다

초심

어진 마음으로
살게 하소서

누울 자리만 있으면
행복입니다

우쭐했던 몸짓
더는 반복치 않게 하소서

그렇게 기도했던 때
엊그젠데

오늘은
산란하고 울적한 마음

욕심의

불씨가 남아 있었구나

애초 다짐했던 그때를

잊어선 안 되는데

귀

설 앞둔 겨울밤

다섯 살 어린 아기

불덩이가 몸을 덮쳐

오른쪽 귀 고막을 잃었다

내 노랫소리 뿔종다리 보다 더 곱다고

이모들의 사랑 흠뻑 받으며

이쁜둥이 민들레로 피었었다

태백을 지나

쉼 없이 남해로 달리는 낙동강 같이

그렇게 긴긴 세월 지나

머리에 하얀 치자꽃 수북이 피었다

성당에서 팔순의 형님을 만났다

"테레사 요즈음 건강은 어때"

"나이가 드니 작은 소리가 잘 안 들리네요"

"나도 그래

신부님 강론 무슨 말인지 하나도 몰라

귀가 어두운 건 좋은 일이야"

성당문을 나서며

하느님 저 늘그막에

목숨걸고 하고 싶은 일 생겼거든요

성호를 긋는다

건망증

동네 단골 중국 식당에서
점심으로 마늘볶음밥 한 그릇 먹었다

부른 배를 안고 맞은편
카페 구석진 자리 의자에 앉는다

식당 여직원이 나와
북적이는 사람들 속에서
누군가를 찾고 있다

내 앞으로 와서는
"사모님, 계산 안 하셨어요"
"어머나, 죄송해요
제가 나이가 들어서 그만"

수년 동안 다니는 단골집에서
나는 요주의 인물이 되었다

풍경

천둥 치는 저녁

남한산성 장경사 처마 끝

폭풍의 소용돌이

깨질 듯 흔들려도

오래오래 청산을 떠나지 않네

큰아들

구정에
아들이 세배를 드린다고 집에 왔다

거실에서
무릎이 아픈 난 의자에 앉고
가부좌를 틀고 남편은 바닥에 앉았다

절을 하는 아들 정수리에
발그레한 살이 보인다

탈모가 시작된 것이다

손자 손녀 커가는 대견함만 보았다
아들이 나이 들어간다는 건 몰랐었다

마음 아프다

벌써 대머리가 시작될 리 없지

그냥 발그레한 살꽃이라 믿고 싶다

메꽃

한여름
개울가의 돌밭 위에서 피어나던 꽃

들풀과
작은 어깨 부딪치며
피던

환한 분홍빛 미소로
나를 기다려 주던 우리 엄니 닮아
피던 그 꽃

오늘은 기역자 허리로
할미꽃 딸이 궁금해
연녹색 창살 담 위로
타고 오른다

나의 시 백운란白雲蘭

홀연히 가시더니
내 머리 위로 활짝 피어나
다시 오셨네

꽃이 별이 되어
내 가슴에 불도장 찍은 그대
나를 연둣빛 비단 필로 묶었으니

해무 속에 돛배 되어
큰 파도 헤쳐 가는
내 혼을 부여잡을 동반자로

나를 단단히 엮어
사랑의 쇳물로 보듬어 안아
내 혼의 주인으로 오셨네

어이며느리꽃

구부러진 허리로

서울 며느리 노랫소리

긴긴날 기다리다

어머님 손에 부쳐

예까지 왔다

여섯 해 동안

잠만 자더니

주홍빛 꽃

꽃대궁 높이 올려

나팔로 피었다

귀에

어이며느리꽃이 피었다

* 어이며느리 : 시어머니와 며느리

가을에

드넓은 하늘이어서

온통 허허로운 바다네

내 가슴도 그렇게 비어 버렸네

오시는 이 기척 없고

가시는 이조차 없으니

세상은 텅 비어 허전하네

모든 게 비었기에

색깔조차 잃어버렸나

은빛의 새 한마리만 날고 있네

가느다란 실타래의

긴 꼬리만 흩뿌려져

지나갈 뿐이네

나를 빨다

재스민 향기 풍기는
수상한 세탁기

그 토굴 속
들여다보니
내가 앉아있다

정수리에서
새끼발가락까지

향유를 뒤집어쓰고
눈물이 만들어 낸
누룩곰팡이들
샅샅이 밀어낸다

마음에 고여 있는

한숨의 고지랑물

나를 건조대 위에 눕힌다

솔잎 향이다

2부

유리벽

내가 만든 유리상자
그 안에
갇혀 버렸다

내 꼴 보고
재밌다 쪼아대는
까막딱따구리들

숨어 보려 발버둥쳐도
외진 곳 없구나

나를 꺼내 달라 하니
제 덫에 제가 걸려
원숭이가 되었다고
웃으며 지나간다

다른 이 쇠망치로 깨기라도 하면

조각난 유리 나를 찔러

피 흘리는 것을

이 두 손으로

힘껏 밀어붙였지

아! 그리도 가벼운 유리벽

달개비꽃 타령

나 좀 보아 달라며
긴 팔 내젓는 저 꽃들
못 본 체하니 마냥 안달이네요

남청빛 비로드 두 장
하나는 흰 모시 수건
풀빛 심장도 보듬었고요

절로 자란 잎새마저
흔하디 흔해 안 본 체하니
헤아릴 수 없게 솟구쳐 올라

빈 터 이곳저곳
긴 팔 뻗는 닭의장풀들
나 좀 보아 달라 뻗대네요

사춘기

이마에 여드름이 오돌토돌하다

눈에서 푸른 별이 마구 쏟아진다
옥을 깎아 세운 콧대 아래
입이 성문처럼 닫혀 있다

손자의 몸에
어떤 꽃이 피고 있을지 궁금하다

봄의 문턱에 들어선
회화나무 한 그루

지평선을 덮는 무성한 잎새들
추운 방울새 둥지 트는
거목을 향한 힘찬 출발을 하고 있는 것이다

에게해 밧모섬

10월 아침 6시
터키 선창가에서
작은 모터보트에 몸을 싣는다

일 년 내내 파도가 없어
어머니의 바다라는 가이드의 말

보트는 칼이 되어 바다를 가르고
나는 뱃머리에 갈매기로 앉아
'카츄사의 노래'를 불렀다

11시에 닿은 밧모섬
식당 주인이 집 앞 바다로 간다
그물만 던지면 물고기 가득찬다는
젖이 철철 흐르는 어머니 에게해

호젓한 해변가

물에 떠있는 하얀 배 확성기에서

청년이 부르는 찐득찐득한 남유럽 노랫가락이

구성지게 들려왔다

이젠 피고 싶어

불타는

심장 속에

눈물로

구슬발 엮어

내 참모습

아무도 볼 수 없지

별빛마저 잠든

벌판에 선 외로움

겹겹이 쌓인

꽃망울 하나

이젠 피고 싶어

햇살 먹으며

땅끝 닿는 후부드러운 꽃잎

붉은 모란으로

부탁

십육 년 된 냉장고
누군가에게 선물하자 했더니
남편은 아직 쓸만하다고
고개를 저어 댔다

비 올 듯 음침한 아침
우울해지는 마음

듬직한 친구 만나
이런 속상한 이야기 하고 싶어지는데

무심히 바라본 벽
순간 내게 꼭 맞는 친구로 느껴져

벽순아

북악산 바윗덩이 남편

성산대교 밑 흘러가는

한강물과 바꿔다오

고향에 와서

하늘 높은 날
초가에 살았던 어린 시절 생각나
고향에 왔다

메뚜기 뛰어오르던 들녘이 사라졌다

물방울 하나 없는 천수답
뒤엉킨 잡초 속에
무성한 피만 붉은 수숫대로 서 있다

감자꽃 필 때

사타구니 보일 듯
베잠방이 걷어올려
모노래 부르던 아재들

가을 타작 끝내면

햇볏짚 이엉 엮어

금빛 지붕 만들어 주던 아재들

든든했던 모습들 간데없다

땅강아지 한 마리 시멘트 길 지나

풀숲으로 간다

봄

옥잠화는

무거운 흙 들어올려

새순을 돋우는데

가느다란 바람에

벚나무꽃 떨어져

땅 위에 눕는다

새순이 놀란 가슴으로

"왜 벌써 가시나요?"

꽃잎이 웃으며

"먼저 왔으니 먼저 가야지요"

봄날

자귀나무 곁에
보랏빛 라일락이 한껏 피었다

갈색 머리칼이
어깨를 덮고 흘러내리는 젊은 여인

향기 속에
얼굴 파묻고 서 있더니

뚝
한창 물오른 가지를 꺾는다

꽃이 꽃을 울린다
봄날도 울린다

시래깃국 끓이는

나의 시는
어떤 분이신가
꼼꼼히 살펴보니

눅눅한 골방
베틀에 앉아
외롭네유

들에서
푸성귀 뜯으며
지나가는 바람에게
서운하네유

따가운 햇볕 등에 지고
붉은 고추밭에 엎디어

대견스럽네유

푸념인 듯
노래인 듯 하다 보니

솔가리 아궁이에 밀어넣고
가마솥에 시래깃국 끓이는
촌 아지매네유

카페에서

녹차 한 잔 앞에 놓고
율동 호숫가 카페에 앉았다

잔잔한 호수에
오리 한 마리 놀고 있다

이어폰 꽂고
프랭크 시나트라의 '마이 웨이'를 듣는다

늦공부 시작한 나
젊은이들 앞에 부끄러운 실버

고공비행 꿈꾸는
물새들 속에 한 마리 검둥오리

나는 손녀를 위해 시를 배운다

시집 한 권이 수억의 혼숫감보다

더 소중한 선물이라고

나이든 옛 스승에게 가르침 받았다

뒤뚱뒤뚱 서툰 자맥질로

물길 가를 때

손녀를 위한 시

한 편 한 편 쌓여간다

초급매

부동산 사무실
창문에 붙어 있는

초급매
일억 이천만 원

저 꺼먹돼지
글씨 속에

동동 구르는
발이 보인다

까치 본 어미뱁새
그 눈빛이 보인다

불면不眠의 밤

잠을 잃고

어두운 밖을 내다본다

새벽 한 시

창문 후려치는

싸릿대 같은 빗줄기

가로등도 두려워

빛이 흔들린다

분노의 구름이여

누가 그대 가슴

까맣게 태웠기에

그리도 뼈아픈 눈물

흘리는가

새야

늦은 아침

무슨 반찬 만들까
아침거리 준비하다
창밖을 본다

층층나무 가지에
박새 한 마리
풋열매 쪼아먹더니
옆 가지로 옮겨 앉는다

엄마손 햇살로 목욕하고
작은 부리로 고갯짓하며
속속들이 깃털을 단장하고 있다

새야

박새야

너도 반찬거리 고민해 본 적 있니?

꽃 속으로

아네모네 보랏빛 꽃 속에
우물이 보이네

두레박 깊이 내려
궁금한 물속
삼백예순날 들어가 보니

끝없는 들판엔
풀꽃들 웃음소리 그득하고
바람도 훈훈하더이다

팥배나무에 바짝 기대서서
버들피리 불고 있는 수려한 선비
난 한눈에 반해 버렸지

가까이 다가갈 수 없는 내 모습

고운 매무새로 다시 오리라 다짐하고

세상 밖으로 나오니

꽃은 흔적 없고 검은 흙바닥만

날 빤히 올려다보네

소망

새해 첫 아침이다

올해는
꽃밭을 가꾸고 싶다

화단에 하얀 옥비녀꽃
노란 불처럼 확 피어나는 개나리
솜털이 날리는 갯버들을 심고 싶다

담 경계에는 대나무를 심고 싶다

담장 밖에는 느티나무 심어
내가 만든 그늘에서 나도 좀 쉬어 보고 싶다

작은 도랑도 만들어
흐르는 물에 근심 걱정 띄워 보내고
참방개
물거미를 초대하고 싶다

진달래꽃

쥣빛의 저 산은
아직도 졸음 속인데
일찍도 깨어나서

"이제는 봄이어요
봄날이 왔어요"

종 치며 외치는

이제
초경을 시작한 소녀

그때 그 나팔수

추억 속에
살아있는 그 사람은
산노루 눈빛

가을날
아득한 둑방길 걸으며
내게 노래 불러줄 때
촛불 켜는 눈빛

해는 서녘에 걸리고

돌아설 때 느껴지던
쓸쓸한 눈빛

머리엔
하얀 배꽃 흐드러지는데

아직도 내 망막 속에서

노래하는 사람

다시는 돌아올 수 없는

무지갯빛 날들

3부

어머니

한겨울밤
깊은 잠 속에서
엄마의 외침을 들었다

"한자야 빨리 일어나
밖으로 나가야 돼"

눈을 떴을 때
서쪽 창호지 문이 핏빛이었다

윗집 부엌에서 치솟은 불길이
파도처럼 울타리를 넘어와
우리 초가지붕은 화마에 휩싸였다

온 동네 아저씨들이 불을 끄고 있을 때
할머니 어머니 나 동생은
장독대에 서서 구경만 했다

그날 이후

어머니는 지아비 없이 농사 짓던

그곳을 떠났다

맏아들 잃고

화병 얻어 한쪽 눈 잃어버린 시어머니와

열두 살 열 살 남매를 데리고

눈바람이 볼을 때리는

십이월 이십팔일이었다

얼어붙은 십 리 길 걸어

용인 김량장 읍에서

서울행 완행버스에 오른 것이다

어머니는 육십 년 만에

고향으로 내려오셨다

누구에게 말할까?

저 달빛 사위어

세상은 고요 뿐인데

처마 밑 굴뚝새는

갈대숲 개개비는

돌무더기로 쌓인 가슴의 사연

누구에게 말할까?

나팔꽃도

작은 분꽃도 입 다물었는데

백목련

밤에 핀 목련 보려고
앞뜰로 나왔다

나뭇가지 사이로
손에 닿을 듯 둥근 달이 보인다

우아한 순백 앞에 섰는데
가슴이 서늘하다

생명의 숨결이 와 닿지 않는다
하얀 눈으로 빚어낸
조각이다

청상의 칠십 년
백목련으로 살아온 어머니

밤마다 얼음꽃이었다

명언名言

장안타운 마을버스 정류장

조금 지나서

비닐돗자리 깔아 놓고

호박 가지 파 상추

이런 푸성귀를 파는 아줌마가 있다

솎음배추 삼천 원어치 푸짐하게 받으면서

"하루 종일 앉아 계시니

허리 아프지 않으세요?" 했더니

"남의 주머니에 있는 돈 꺼내기가 그리 쉬운가유"

"허리 짤러지게 아프지유"

"새벽 세 시면 눈 딱 떠져유" 한다

집으로 오는데

그 말이

계속 나를 따라온다

두메꽃

서른 일곱

고운 단풍 뒤에
저무는 세월이 있다는 걸 모르던 때

논현동 성당 작은 회합에서 자매님들과
최민순 신부님의 시 '두메꽃'을 읽었다

"햇님만 내 님만 보신다면야
평생 이대로
숨어서 숨어서 피고 싶어라"

자신을 낮추어야 하는
영성의 시로 받아들였기에
나는 가슴 울컥했다

IMF 후유증으로

큰 슬픔과 두려움에 마음 쓰러졌을 때

나는 이 시를 읽고

일어서야겠다고 다짐했다

거문고

오동나무 아래 서 있으니

구성진 가락 들려오네

아비의 눈 뜨게 해달라고

뱃머리 위

심청이 울고 있네

인당수 깊은 물

산이라도 삼킬 듯 파도치네

가을밤

이지러진 달빛 바라보며

외기러기 내 모습 서방님께 전해 달라

옥중 춘향 눈물짓네

오늘은 배불리 먹겠다고

박꽃 같은 아내와 박 켜는 흥부

웃고 있네

구름도 가던 걸음 멈추고 미소 짓네

오동이 거문고 되어

울었다

웃었다 하네

어머니께 드려야지

저 하늘

구름밭에

대봉 감나무 한 그루 심어야지

눈 내리는 밤

질항아리 속에 재워 둔 홍시

잇몸 뿐인

어머니께 드려야지

저 하늘

푸른 바다에

허허 웃는 못난이

삼세기 한 마리 키워야지

땀 흘리는 한여름날

얼큰탕 끓여

입맛 잃은

어머니께 드려야지

나의 탱고

밖에는 세찬 바람 불고
음산한 가을비가 내리고 있다

나는 컨테이너 박스 같은 아파트에 갇혀 있다
마음이 답답하다고 외쳐댄다

이런 날들 올 때마다
나는 뮤지컬 배우가 된다

작은 오디오에
CD 한 장 밀어넣고
송민도의 '나의 탱고'를 듣는다
내 애창곡이다

노래를 따라 부르며
낭만의 탱고 스텝 밟다 보면

고무줄이 헐렁했던 일바지는

달리아 붉은 드레스가 된다

오늘은 까까머리 소년

첫사랑으로 다가와

열정적인 춤의 파트너가 된다

무대도

관객도 없지만

하마입이 된 남자

성남 판교도서관 식당에서
점심으로 삼천오백 원 하는
백반을 먹고 있는데

등산복 입은 중년 남자
뚝배기 우거지국밥 들고
하마입이다

"우거지국밥이 좋으셔서
입이 귀까지 올라가셨네요"
했더니

"옛날 어머니가 해 주시던 그 맛이라
등산하고 내려오면 꼭 이 국밥을 먹는데
그렇게 좋을 수가 없어요"

그 말 들으니

문안 안부도 없이 무심했던

아흔넷의 내 어머니 생각이 났다

춘란

한식 전날
오랜 친구가 춘란을 보내왔다

짧은 꽃대에
생기 없는 꽃은 향기도 적었다
열흘도 채우지 못한 채 지고 말았다

베란다에 내놓고
구피들이 싸놓은
단물을 삼일마다 주었다

구월 초순
붓끝 같은 꽃대가 솟구치더니
튼실한 꽃을 피워냈다

난향의 여정을 지켜보았다

해맑은 여인의

멜론향이 나더니

어느새

무르익은 수밀도 여인의

사향노루의 배꼽향이 난다

여인은 저무는 해를 따라

모과향을 피워내고 있다

미사보

그 사람 때문에
그와 더불어
죄를 많이 지었다고

남을 탓하며
내 가슴을 친다

통회한다고
용서를 구한다고
눈물을 흘린다

이승 뜨는 순간까지
죄의 굴레
벗어날 수 없음 알면서도

미사보 푹 눌러쓰고

자비를 구하는 나

하느님이 웃으신다

사투리

이른 봄

산수유꽃 한창 피던 날

스물넷 새댁이었던 나는

시아버님 제상에 첫 절을 올리려고

진주 버스터미널에 내렸다

왁자그르르 질퍽한

사투리에

나는 하늘에 떠 있는 먹구름 되었다

시댁

대문턱은 높기도 높아

울렁증에 헛발질을 하는데

안에서 고함치듯 들려오는 사투리

들어도 알 수 없던 말

나는 얼뜨기 귀머거리

벙어리까지 되었다

학춤

학이 되련다

눈 덮인 태화산 꼭대기 올라
춤을 추련다

IMF 불바람에
만석꾼의 노적가리
한줌 겨도 못 건졌다

새벽별 보며 집 떠날 때
우리 가솔들의 가슴팍
어찌 한 없다 하리

이생강의 소금小笒
'정선 아리랑'에 온몸 맡겨
학춤을 추어대며

깃털 속에 닥지닥지 붙은

한의 진드기들 샅샅이 털어내련다

한 밤을 꼬박 새워 울어댄

내 설움의 가슴

서리 낀 달빛에 내주련다

나 이제

한의 날개를 접으려니

솟아라

솟아라 햇귀야

애기똥풀

오월 봄볕

활활 타오르는
영산홍 불더미 속에서

발 곧추세우고
가느다란 목 길게 빼 올려
노란 꽃잎 열어 놓은 애기똥풀

뭉그러질 듯 여린 몸
불길 속 뚫고 나온 초롱한 눈빛

붉은 꽃잎들은
봄비 따라 성급히 가는데

홀로 우뚝 그 자리에

씨앗 영그는

작은 야생의 꽃

여덟 살 산골내기가 공부하겠다고
서울 친척집에 얹혀살았던
나를 닮은 꽃

까치 아내

늦가을 아침
동쪽 하늘 바라보며 심호흡 하다가

창문 밖 가로수
알몸의 메타세쿼이아 어깨쯤에
집을 짓고 있는 까치 한 쌍 보았다

한 뼘 길이의 나뭇가지 힘겹게 들어올려
기둥 세우며 대들보 올리고 있다
두 이마가 젖었을 것이다

가을이 지난 지 오랜데
아직도 멈추지 않는
까치 아내의 날갯짓

보랏빛 발

눈밭에 묻고 서서

시린 부리로 집 뼈대를 찾아내는

까치 아내 바라보니

늦잠 속에 굼벵이로 살아온

내가 부끄러워진다

소와 유동

에버랜드 호암미술관에서
박수근 화백의 '소와 유동'을 보았다

그림 속에는
산처럼 앉아 있는 황우가
오손도손 앉아서 놀고 있는
네 명의 어린이들을 바라보고 있다

소의 눈빛에서
나는 어미의 억장이 무너짐을 보았다

우시장에 팔려가
쇠코뚜레에 코가 뚫려
평생 주인 손에 끌려다니는
제 새끼 생각에

속으로 워낭 소리 삼키며

노는 아이들 바라보고 있다

대보름

해 지기 전 오곡밥 먹고

엄마 따라온 동네 사람들과

열한 살 나도 달구경을 나섰다

한겨울날

돌둑엔 달맞이꽃 무수히 피어났다

큰 이모 얼굴 쏙 빼닮은 달이

둥실 떠오른다

나는 소원을 빌었다

"공부 잘하게 해주세요"

달님 덕에 꼴찌는 면하고 학교를 다녔다

첫아기 낳고 신경쇠약으로

참새 가슴 약골 되어

하얀 벽 뚫고 나온

아기 거북이가 모래 언덕 오르듯

칠순 고개를 넘어섰다

올 대보름날엔

이십층 아파트 옥상에 올라

홀로 핀 달맞이꽃 된다

달님 달님

백세 가는 여행길에

편안한 글 한 줄 써야 하니

솔개의 눈과

낙타의 다리만 주신다면

더 바랄 게 없습니다

손녀

저녁 아홉 시
내가 손녀의 발을 씻겨주는 시간이다

작은 발가락 사이사이로
내 손가락이 들락날락한다

"할머니 간질간질 시원해요
발이 길어졌어요"
"그래,
내가 봐도 발이 커진 것 같구나"

나는 손녀의 발뒤꿈치까지 씻겨주고 나서
"이제 주무세요" 했더니
"네 할머니 잘 주무세요" 한다

아홉 살 손녀는 아직 한국말이 어렵다
이태리에서 온 지 두 달 되었다

4부

지구

다산多産하는 우주의 맏딸

밤에 내리는 눈은

홀로 빈 집에서
창밖에 고요히 내려 쌓이는
눈을 바라보고 있다

가로등 불빛 아래로 내리는 눈이
고향집 사랑채 뒤뜰
고목에 피었던 배꽃으로 보인다

두 팔 한껏 벌린 소나무는
하얀 꽃을 가득 안고 흥겹다

불 꺼진 노인정 지붕 위에도
치매 예방 고스톱 치는 할머니들
따뜻하게 지내라고
배꽃 무늬 햇솜 이불 덮어준다

자연의 기쁨

한 방울의 물로
싹 틔우고

한 방울의 물로
꽃을 피워

한 줄기 햇살에
씨앗 영글면

한 줄기 바람에
씨앗이 날아가네

칠순의 손

무심히 내려다본 손등이다

멍석 같은 살갗에
주름진 밀물이 올라오다
이내 썰물로 내려가는
세월의 바다가 거기 있다

검고 작은 꽃들이
나를 빤히 올려다보며
해쭉해쭉 웃고 있는
해묵은 꽃밭도 있다

그래도 손아귀의 힘은
짱짱하다

"점검 중"

나른한 봄날 오후

미나리, 돌나물을 사들고 와

엘리베이터 앞에 섰다

"점검 중"

열흘 굶은 호랑이보다 더 무서운

빨간 글씨가 보인다

내 둥지는 17층 꼭대기

울화통을 머리에 이고

7층까지 올라왔다

"나 좀 쉬게 해줘요"

버럭 큰소리 치는 왼쪽 무르팍

시멘트 계단에 주저앉았다

이젠 사라진 옛집이 생각났다

대문 열면 꼬리 흔들던 땡칠이

현관 밖에 피었던 진홍빛 철쭉 생각에

큰 한숨이 터진다

점검이 끝나고 문이 열렸다

강

숨 쉬는 목숨

버려진 죽음 다 포옹하고

발소리도 없이 걸어가다가

산이 눈앞에 나타나면

고개 숙이고 돌아서는 여인

씨앗

순두부집 주차장에 피어난

선홍 접시꽃

잘 여문 씨앗들

떠날 때 되었다 속삭이고

그 가운데 한 씨앗

"머얼리

높이 날아

월악산 깊은 골

홀로 사는 할머니 앞뜰

아무도 모르게 내려앉을래"

꽃은 피었는데

북악산에 오르니
눈부신 봄 잔치

꽃은 저마다
장구 치고 북 치고
사물놀이 한창이네

아파트 앞뜰에
핼쑥한 꽃잎들

기력이 없어
손끝도 까딱 않네

자동차 방귀
역하고 어찔어찔해

쏟아지는 공해

쓰리고 아파

꽃은 피었는데

웃음이 없네

추석 앞둔 시월

감나무에 까치 한 마리 날아와
송곳 같은 부리로 감을 찢더니
속살을 파먹고 있다

아낌없이 몸을 내어 주는 감
붉은 살 쪼아먹다 날아가는 새

먹잇감이 되지 못한 살점들은
땅에 떨어진다
감나무 아래 꽃무릇 피었다

당단풍

산속을 기웃거리던 하늬바람

작은 잎새에 불씨 하나 준다

기다리던 네가

이제야 왔다고

불을 끌어안고 어깨춤 추며

활활 타오르는 나무

바람도 덩달아

잔치 마당에서 화관무를 춘다

어린 고사리 마음

아홉 살 때의 일이다

비 오는 날엔
도깨비 나온다는 바위굴
으슥한 산비탈
콩밭에 엄마는 가셨다

마루 밑에서 혼자 앉아 노는데
소나기가 쏟아진다
엄마 걱정에 무서워
울음보가 터진다

삐거덕 대문 소리

등에 철썩 붙은 당목 적삼
앞가리마엔 빗물이 도랑물 되어

엄마의 얼굴로 흘러내린다

긴 앞치마 속에

나란히 서 있는 찔레순의 눈방울

가시투성이 찔레덩굴 속엔

뱀굴도 있다는데

나는 찔레순이 먹고 싶지 않았다

그 할머니의 손아귀 힘

저녁 찬거리 사 들고

집으로 오는 가로수가 시원한 길

지팡이 짚으신

기울어진 전봇대 할아버지 곁에

착 달라붙은 청양고추 할머니를 본다

기대 오는

할아버지 손을 꽉 움켜쥐고 걸어가신다

뼈마디가 공깃돌처럼 불거진

할머니 손아귀 힘은

고라니를 낚아채는

검독수리 힘의 천배다

할아버지 발걸음에 맞춰

찬찬히 걸어가신다

노부부의 뒷모습에서

오랜 세월을 함께 살아온 삶이

포근하게 느껴진다

고층 아파트의 재롱

스마트폰에서 들려오는
'청산에 살리라'
가곡을 따라 부르며
저녁 설거지한다

어린 시절 그립다
거실로 나왔다

앞을 보니
고층 아파트가
"내가 앞산이요" 한다

뒤를 보니
고층 아파트가
"나는 뒷동산이요" 하며
껄껄 웃는다

여기저기서

웃어대는 소리 요란하다

달팽이 시인

시 한 편 선보였다

비판의 우박이 쏟아진다
우산 뚫고
정수리 때리고
길바닥에 수북이 쌓인다

우박 위를 걸어보겠다지만
나동그라진다

꿇은 무릎 되세워
갸우뚱 걷는다

평생에 단 한 번
주옥의 한 줄 글 얻겠다고
온밤 새워도

주린 까마귀다

안개비 속에 무지개 찾아
달팽이 더듬질이다

고뇌와 땀에
젖은 원고지
허섭스레기 됨은
죽음보다 더한 고통

좋은 시 한 줄 얻으려
우박 위를 또 걸어야 하는
나는 꼴찌 시인

풋사과

내 단짝은 새침데기
하얀 교복 속
붉게 익어 가는 풋사과

툭 하면 눈 맞추고
팔랑개비 되어
어깨 부딪치며 그곳으로 내달렸지

잠잠히 흐르는 강물 바라보며
선생님 되자 손가락 걸고
뽀오얀 모래 위에 두 다리 뻗었지

서걱서걱 노래하던 갈대숲

가슴 속에 푸른 날개 달아주던
흔적들
어디에서 찾아보나 광나루

아들의 뒷모습

노란 은행잎 떨어지는 혜화동
좁은 골목의 한 북카페에서
커피를 한 잔씩 마셨다

돌려보낸 아들의 모습
뒷등으로 고단한 땀내음이
내 코끝에 실려 온다

딱 벌어진 황소등짝이었는데
이젠 좁아진 어깨 위로
하늘을 찌를 듯 쌓여 있는 책들

저 많은 책 속에
내 잔소리가 검은 글씨로
박혀 있을 것이다

석양

중천의 눈부신 해는
느긋한 걸음인데

서녘의 붉은 해
부르는 이 누구길래

저리도
빨리 가는가

해설

※ 해설

꽃의 현상학

고봉준(문학평론가)

　헝가리 출신의 비평가 G. 루카치의 『소설의 이론』은 '별'에 관한 아름다운 문장으로 시작된다. "별이 빛나는 창공을 보고, 갈 수가 있고 또 가야만 하는 길의 지도를 읽을 수 있던 시대는 얼마나 행복했던가? 그리고 별빛이 그 길을 훤히 밝혀 주던 시대는 얼마나 행복했던가?" 루카치는 고대 그리스를 밤하늘의 별이 인간의 운명과 삶의 방향을 알려주던 시대라고 생각했다. 그에게 근대는 그 별자리와의 관계가 단절된 선험적 고향 상실의 시대이며, 근대문학으로서의 '소설'은 그 잃어버린 고향을 찾아 떠나는 이야기, 그렇지만 결코 되찾거나 도달할 수는 없는 형식의 이야기이다. 그리스인들에게 하늘, 즉 천상은 '별(자리)'로 이해되었다. 지상의 인간들에게 밤하늘에서 빛나는 별은 행로行路를 알려주는 나침반이었고, 개인과 집단의 운명을 알려주는 상징적 질서였다. 이집트인들은 하늘의 별자리를 지상에 그대로 재현하기 위해 피라미

드를 건설했다. 이처럼 고대인들에게 '별'은 하늘, 즉 우주적 질서 그 자체였다. '재난'을 뜻하는 disaster가 "멀리' 또는 '없음'을 뜻하는 라틴어 dis-와 별 또는 행성을 뜻하는 astro의 합성어"(레베카 솔닛)라는 사실은 의미심장하다. 서구인들에게 '재난'은 곧 별이 없는 상태였다.

박한자의 시에서 '꽃'은 그리스인에게 '별'이 갖던 의미와 흡사하다. 박한자는 '꽃'의 시인이다. 그녀에게 '꽃'은 단순한 시적 대상이 아니라 세계를 인식하고 표현하는 매개, 즉 일종의 '언어'와 같은 것이다. 그리스인들에게 '별'이 하던 역할을 시인에게는 '꽃'이 한다고 말할 수 있다. 그녀는 '꽃'을 통해 세상을 본다. 그녀의 시를 반복해서 읽으면 시인이 세상 자체를 다양한 꽃들의 우주, 즉 거대한 꽃밭으로 상상한다는 사실을 발견할 수 있다. 박한자의 시에서 '꽃'은 시인이 유년 시절부터 지금까지 가장 애정을 많이 투사하고 있는 대상이자 그녀가 세상을 체험하는 감각의 바로미터(barometer)이다. 시인에게는 세상에 존재하는 모든 것이 '꽃'이다. 그녀에게는 산책길 정자에 둘러앉아 "손뼉 치고 노래하는"(「홍매화」) 할머니들도 '홍매화'로 보이고, 어느 봄날 우연히 목격한 "갈색 머리칼이/ 어깨를 덮고 흘러내리는 젊은 여인"(「봄날」)도 '꽃'으로 보인다. 이것만이 아니다. 그녀에게는 회화나무의 '옹이'

도 "올빼미 눈 닮은 꽃"(「옹이」)이고, 머리에 하얗게 돋아난 흰머리도 "하얀 치자꽃"(「귀」)이거나 "백운란白雲蘭"(「나의 시 백운란白雲蘭」)이고, 탈모가 시작된 큰아들의 정수리도 "발그레한 살꽃"(「큰아들」)이고, "손자의 몸에/ 어떤 꽃이 피고 있을지 궁금하다"(「사춘기」)라는 진술처럼 사춘기에 접어든 손자의 이마에 난 여드름도 '꽃'이다. 그녀에게는 한겨울 창밖 소나무에 하얗게 내려앉은 눈[雪]도 "두 팔 한껏 벌린 소나무는/ 하얀 꽃을 가득 안고 흥겹다"(「밤에 내리는 눈은」)라는 진술처럼 '하얀 꽃'으로 보인다. 이처럼 박한자의 시는 '꽃'의 언어로 쓴 실존의 기록, 수많은 '꽃=생명'의 실존으로 채워진 식물도감이라고 말할 수 있다.

    산수유 피고 지니
    영산홍이 피고

    놀이터엔
    깔깔대며 뛰노는
    아이들의 땀방울

    햇볕 가득한
    벤치 위엔
    옹기종기 모여 앉은 할머니들

하하 호호 웃음소리
　―「봄날의 한낮」전문

　　박한자의 시에서 '꽃'은 자연적 대상 이전에 인간을 둘러싸고 있는 세계, 우주적 질서의 일부이다. 근대 이후 인류는 시계와 달력 같은 장치를 통해 시간의 흐름과 계절의 변화를 인식해 왔다. 하지만 시인은 '꽃'을 비롯하여 다양한 자연적 대상을 통해 시간과 계절의 변화를 체감한다. 가령 시인은 "서녘의 붉은 해/ 부르는 이 누구길래// 저리도/ 빨리 가는가"(「석양」)라는 진술처럼 태양의 변화를 통해 시간의 흐름을 느낀다. 또한 시인은 "산수유 피고 지니/ 영산홍이 피고"라는 진술처럼 화개화사花開花謝를 통해 계절의 변화를 체감한다. "돌려보낸 아들의 모습/ 뒷등으로 고단한 땀내음이/ 내 코끝에 실려 온다"(「아들의 뒷모습」)라는 진술처럼 시인에게 변화는 지적 인식이 아니라 감각적 느낌의 영역이다. 시인은 인간이 감각적인 체험과 느낌을 통해 세계를 실감하는 존재임을 보여주는데, 이때 시인의 감각이 예민하게 반응하는 것은 모두 자연적인 대상이다. "나 좀 보아 달라며/ 긴 팔 내젓는 저 꽃들"(「달개비꽃 타령」)에서 '꽃'은 자신의 존재감을 온몸으로 시인에게 호소하며, "새야/ 박새야/ 너도 반찬거리 고민해 본 적 있니?"(「새야」)에서 시인 '새'에게 자신의 속내를 털어놓는다. 이처럼 박한자의 시에서 인간과 자연은 연속적인 관계를 형성한다.

그런데 위의 시에서 계절의 변화는 자연의 질서만이 아니라 인간, 즉 실존적인 의미도 포함하고 있다. '꽃'에 대해 예민한 감각을 갖고 있기 때문인지는 몰라도 박한자의 시 가운데에는 '봄'을 배경으로 한 것이 많다. 계절의 변화라는 우주적 질서에 따르면 '봄'과 '꽃'은 생명의 상징이다. 그런데 인간의 관점에서 계절의 변화를 마냥 자연의 질서라고 받아들일 수만은 없다. "산수유 피고 지니/ 영산홍이 피고"라는 진술에서 드러나듯이 자연의 질서 안에서 탄생과 소멸은 순환되고, 유한한 존재인 생명은 어느 순간에든 죽음을 맞이할 운명이기 때문이다. 따라서 '산수유'와 '영산홍'이 교차하는 저 현상에는 죽음을 향해 달려가는 생명의 운명에 대한 인식이 포함되어 있다. 인용시에서 2연과 3연에 각각 땀을 흘리며 놀이터에서 뛰어노는 아이들의 모습과 햇빛 가득한 벤치에 모여 앉은 할머니들이 등장하는 이유도 이러한 실존적 맥락에서 이해할 수 있다. 다만 빠르게 번지는 노을을 바라보면서 "저리도/ 빨리 가는가"(「석양」)처럼 시간의 빠른 흐름을 안타까워하는 마음은 곳곳에서 확인되지만 시집 전체를 통해 죽음/

소멸에 대한 공포가 분명하게 드러나지는 않는다. 박한자의 시에서는

> 한 방울의 물로
> 싹 틔우고
>
> 한 방울의 물로
> 꽃을 피워
>
> 한 줄기 햇살에
> 씨앗 영글면
>
> 한 줄기 바람에
> 씨앗이 날아가네
> ―「자연의 기쁨」 전문

처럼 탄생과 소멸을 반복하는 자연적 질서를 투명한 시선으로 포착하거나 "햇볕 가득한/ 벤치 위엔/ 옹기종기 모여 앉은 할머니들/ 하하 호호 웃음소리"(「봄날의 한낮」)처럼 늙음을 긍정하려는, 한 걸음 나아가 늙음에서 생명의 흔적을 발견하려는 태도가 한층 도드라진다. 어느새 검버섯이 피기 시작한 '칠순의 손'을 바라보면서 그것에서 "세월의 바다"와 "나를 빤

히 올려다보며/ 해쭉해쭉 웃고 있는/ 해묵은 꽃밭"(「칠순의 손」)을 발견하는 장면에서 생의 질서와 늙음을 긍정적으로 받아들이려는 시인의 태도가 더욱 분명하게 목격된다.

내가 만든 유리상자
그 안에
갇혀 버렸다

내 꼴 보고
재밌다 쪼아대는
까막딱따구리들

숨어 보려 발버둥쳐도
외진 곳 없구나

나를 꺼내 달라 하니
제 덫에 제가 걸려
원숭이가 되었다고
웃으며 지나간다

다른 이 쇠망치로 깨기라도 하면
조각난 유리 나를 찔러
피 흘리는 것을

이 두 손으로
힘껏 밀어붙였지
아! 그리도 가벼운 유리벽
　　―「유리벽」전문

  시인에게 '꽃', 나아가 자연적 대상과의 교감은 의도의 산물이 아닐 것이다. 수많은 종류의 꽃과 그것들의 특징, 그것을 시적으로 전유하여 다양한 비유를 생산하는 시인의 능력이 이것을 증명한다. 시인의 성장기와 가족사를 포함하고 있는 작품들에서 확인되듯이 꽃, 새 등의 자연적 대상은 이미-항상 그녀를 둘러싸고 있는 세계의 일부였다. 아스팔트 문명에서 태어나 성장한 세대들에게는 현대문명이 한층 익숙한 풍경이지만, 근대화가 본격적으로 시작되기 이전 농촌에서 태어나 성장한 사람들에게는 자연적 대상이 외부 세계의 전부였다. 이러한 전前근대적 경험을 지닌 세대가 '꽃'의 언어로 자신과 세계를 표현하는 것은 지극히 상식적인 일이다. 하지만 이런 경험이 현재까지 지속되지는 않는다. 현대는 첨단 문명, 무엇보다도 아파트의 시대이기 때문이다. 오늘날 대도시의 삶은 자연과 담을 쌓고 살아가는 것, 인간의 필요에 의해 인공적인 방식으로 자연을 관리하는 것을 뜻한다. 도시 문명에서 '자연'은 교감의 대상이 아니라 개발 또는 관리의 대상, 즉 객체일 따름이다. 박한자의 시에서 이러한 불연속은 자연과 단절된 상태로 살아간다는 것, 그리고 '고향'으로 표상되는 익숙한 시·공간을 상실했다는 의식으로 구체화된다.

박한자의 몇몇 작품에는 자연과 단절된 상태로 살아가는 시인의 일상이 형상화되어 있다. 가령 저녁 설거지를 하는 화자를 "고층 아파트"가 앞뒤로 산처럼 둘러싸고 있는 장면을 형상화한 「고층 아파트의 재롱」, 아파트 생활의 답답함을 "나는 컨테이너 박스 같은 아파트에 갇혀 있다/ 마음이 답답하다고 외쳐댄다"(「나의 탱고」) 등이 대표적이다. "갇혀 있다"라는 술어에서 나타나듯이 시인에게 이것은 결코 긍정적인 상태가 아니다. 물론 첨단 문명의 시대에도, 그리고 아파트에도 꽃은 핀다. 하지만 "아파트 앞뜰에/ 핼쑥한 꽃잎들// 기력이 없어/ 손끝도 까딱 않네"(「꽃은 피었는데」)라는 진술처럼 시인에게 '아파트'와 '꽃'은 긍정적인 관계가 아니다. 「유리벽」은 이러한 단절감을 한층 부정적인 방식으로 그리고 있다. 이 시에는 '유리 상자'의 정체가 명확히 제시되어 있지 않다. 다만 "유리상자/ 그 안에/ 갇혀 버렸다"라는 진술에 근거해 그것이 "컨테이너 박스 같은 아파트"와 다르지 않음을 추

측할 수는 있을 듯하다. 이 시에서 중요한 것은 화자가 자신을 갇힌 존재라고 생각한다는 것, 화자가 감금된 상자가 '유리'라는 사실이다. '유리벽' 저편에는 무엇이 존재하는가? 유리 상자에 갇힌 화자를 비웃으며 지나가는 '까막딱따구리'가 존재한다. '유리'는 시각으로는 투과할 수 있으나 대상과의 직접적인 접촉이 불가능하다는 점에서 '단절'의 상징이다. 어쩌면 오직 시각적으로만 자연적 대상과 관계를 맺으려 하는 현대인의 욕망이 아파트라는 거주 형태를 거대한 유리 상자로 만들게 한 것인지도 모른다. 물론 이 '유리벽'은 외부의 충격, 이를테면 "쇠망치" 등으로 파괴할 수도 있다. 하지만 그것은 자연과의 단절을 극복하는 소통의 방식이 아니라 "조각난 유리 나를 찔러/ 피 흘리는 것"이라는 상처의 방식일 뿐이다. 시인이 자연과의 관계를 떠올릴 때마다 과거의 시·공간이 등장하는 이유도 이와 무관하지 않다. 자연과의 교감은 과거, 즉 기억의 세계에서 충만하게 실현되며, 이는 시인에게 유년과 고향의 세계에 대한 그리움이라는 실존적 사건은 자연과의 교감이라는 생태적 사건에 매개되어 있음을 의미한다.

오월 봄볕

활활 타오르는

영산홍 불더미 속에서

발 곧추세우고
가느다란 목 길게 빼 올려
노란 꽃잎 열어 놓은 애기똥풀

뭉그러질 듯 여린 몸
불길 속 뚫고 나온 초롱한 눈빛

붉은 꽃잎들은
봄비 따라 성급히 가는데

홀로 우뚝 그 자리에
씨앗 영그는

작은 야생의 꽃

여덟 살 산골내기가 공부하겠다고
서울 친척집에 얹혀살았던
나를 닮은 꽃
　　―「애기똥풀」 전문

　그리움을 앓는 사람은 모든 대상에서 그것을 본다. 인간은 결코 현재만을 사는 존재가 아니다. 좋았던 과거로 되돌아가려는 그리움과 더 좋은 미래를 향해 나아가려는 욕망을 함께 지니고 다수의 시간을 동시에 살아가는 복합적인 존재가 바로 인간이다. 앞에서 우리는 루카치에게는 '소설'이 잃어버린 고향을 찾아서 떠나는 형식이라고 말했다. 인류와 개인이라는 차이를 배제한다면, 박한자에게는 '시詩'가 잃어버린 고향을 찾아 떠나는, 아니 그 세계에 머물러 있으려는 그리움의 형식이라고 말할 수 있을 듯하다. 이 그리움의 욕망이 현실에서 강력한 영향력을 행사할 때, 시인은 도처에서 좋았던 시·공간, 즉 과거를 본다. 가령 작동되지 않는 엘리베이터와 마주할 때 시인은 "사라진 옛집이 생각났다"("점검 중」)처럼 과거를 떠올린다. "대문 열면 꼬리 흔들던 땡칠이"와 "현관 밖에 피었던 진홍빛 철쭉"이 존재하는 '옛집'에는 자신에게 불편함을 주는 엘리베이터 같은 것이 존재하지 않았기 때문이다. 이것만이 아니다. 시인은 "가로등 불빛 아래로 내리는 눈이/ 고향집 사랑채 뒤뜰/ 고목에 피었던 배꽃으로 보인다"(「밤에 내리는 눈은」)라는 진술처럼 "가로등 불빛 아래로 내리는 눈"(현재)에서도 "고향집 사랑채 뒤뜰/ 고목에 피었던 배꽃"(과거)를 본다. 이것은 화자의 욕망이 과거를 향하고 있다는 증거이다. 상실을 경험한 사람, 그리하여 그리움을 앓고 있는 존재는 세상 모든 것들에서 상실한 대상의 흔적을 찾아낸다. 그때 시인의 눈앞에 존재하는 대상들은 그녀를 현재가 아닌 시·공간으로 데려간다는 점에서 세계의 확장이라고 말할 수 있다. 시는 이 욕망의 법칙을 통해 우리가 잃어버린 시간을 살 수 있게 한다. 시를 씀으로써 시인은 현재가 아닌 시간을 경험하게 되는 것이다.

> 한여름
> 개울가의 돌밭 위에서 피어나던 꽃
>
> 들풀과
> 작은 어깨 부딪치며
> 피던
>
> 환한 분홍빛 미소로
> 나를 기다려 주던 우리 엄니 닮아
> 피던 그 꽃
>
> 오늘은 기역자 허리로
> 할미꽃 딸이 궁금해
> 연녹색 창살 담 위로
> 타고 오른다
> ―「메꽃」 전문

이 시에서는 '꽃'을 매개로 과거와 현재, '나'와 '엄마'가 하나의 닫힌 세계를 형성하고 있다. 시인은 '메꽃'이 "연녹색 창살 담 위로/ 타고" 오르는 풍경에서 '엄마'의 형상을 발견한다. '메꽃'은 "환한 분홍빛 미소로/ 나를 기다려 주던 우리 엄니"를 닮은 꽃이다. 시인은 이 '꽃'을 통해 현재에서 과거로 시간을 거슬러 올라간다. 이것은 단순한 회고가 아니다. 이 일상적 장면에는 시인의 욕망도 개입되어 있기 때문이다. '메꽃'이 담을 타고 올라가는 이유가 '할미꽃 딸'이 궁금하기 때문이라는 해석이 그것이다. 메꽃과 할미꽃은 대표적인 덩굴식물로서 그 형태가 매우 흡사하다. 할미꽃은 수입종이고 메꽃은 토종이라는 차이가 있지만, 꽃에 조예가 깊지 않은 사람은 그 차이를 분간하기 어렵다. 그래서 두 꽃은 종종 색깔로 구분된다. 할미꽃은 분홍색, 흰색, 보라색, 파란색 등 다양하고 화려한 색깔을 지녔지만, 메꽃은 오직 연한 분홍색 한 종류밖에 없기 때문이다. "환한 분홍빛 미소"라는 진술은 바로 이러한 메꽃의 특성을 참조한 것이다. 시인의 눈앞에서 메꽃은 창살이 솟아 있는 담벼락을 타고 오르고 있다. 그 장면을 시인은 어미인 '메꽃'이 딸인 '할미꽃'을 향해 나아가는 것으로 해석한다. 시인의 욕망이 '메꽃'의 자리에 엄마를, '할미꽃'의 자리에 자신을 위치시킨 것이다. 이러한 시적 상상력이

드러내는 진실은 시인에게 엄마가 매우 특별한 존재하는 사실이다.

박한자의 시에서 '엄마'는 다양한 방식으로 등장한다. '엄마'는 "청상의 칠십 년/ 백목련으로 살아온 어머니"(「백목련」)처럼 비유적 형상으로 등장하기도 하지만, 「어머니」에서는 시인의 가족사와 함께 고단했던 삶의 이력이 고스란히 제시되고 있다. '엄마'는 시인이 어렸을 적에 발생한 화재로 인해 "지아비 없이 농사 짓던/ 그곳"을 떠나왔다. "맏아들 잃고/ 화병 얻어 한쪽 눈 잃어버린 시어머니와/ 열두 살 열 살 남매를 데리고// 눈바람이 볼을 때리는/ 십이월 이십팔일"(「어머니」)에 "서울행 완행버스"에 올랐다는 가족의 이야기는 시인의 유년 시절은 물론이고 그녀의 '엄마'가 어떤 삶을 살아왔을지 충분히 상상할 수 있게 한다. 엄마의 일생을 "청상의 칠십 년"이라고 표현한 것, '애기똥풀'을 "여덟 살 산골내기가 공부하겠다고/ 서울 친척집에 얹혀살았던/ 나를 닮은 꽃"(「애기똥풀」)이라고 표현한 장면에서도 고단했을 그녀들의 삶의 흔적을 느낄 수 있다. 도서관 식당에서 우연히 만난 사내의 이야기를 듣고 "아흔넷의 내 어머니 생각"(「하마입이 된 남자」)을 한 것도, "질항아리 속에 재워 둔 홍시"와 푸른 바다에서 잡은 "못난이/ 삼세기 한 마리"(「어머니께 드려야지」)를 입맛 잃은 어머니에게 드리겠다는 간절한 마음도 시인의 삶에서 '엄마'가 차지하는 상징적 역할이 지대하다는 것을 보여주는 장면이다.

박한자의 시에서 '꽃'은 단순한 대상이 아니라 시인이 세상을 보는 렌즈이자 내면을 표현하는 언어이다. 이런 점에서 우리는 그리스인들에게 '별'이 했던 역할을 박한자의 시에서는 '꽃'이 대신하고 있다고 말했다. 시인에게 '꽃'은 '별'과 같아서 세계를 이해하고 삶의 방향을 결정하는 기준이라고 말할 수 있다. 그렇다면 왜 시인은 시집의 제목을 '학춤'이라고 정했을까. 이것은 「학춤」의 마지막 연을 읽어보면 짐작할 수 있다. "나 이제/ 한의 날개를 접으려니/ 솟아라/ 솟아라 햇귀야"(「학춤」)라고 시인은 노래한다. '햇귀'는 해돋이 때 처음으로 비치는 빛을 뜻한다. 이 시는 "IMF 불바람에/ 만석꾼의 노적가리/ 한줌 겨도 못 건졌다"라는 진술에서 드러나듯이 '설움'과 '한'의 정서에서 벗어나 새로운 삶을 향해 나아가려는 의지를 '학춤'을 통해 표현한 작품이다. 신생新生에 대한 이러한 의지는 박한자의 시가 노인을 형상화하는 장면들에서도 동일하게 드러난다. 그녀의 시에서 노인은 회고적이거나 수동적인 존재가 아니다. "고라니를 낚아채는/ 검독수리 힘의 천배"(「그 할머니의 손아귀 힘」)로 남편의 손을 붙잡는 할머니나 자신의 애창곡을 틀어놓고 "노래를 따라 부르며/ 낭만의 탱고 스텝"(「나의 탱고」)을 밟는 시인의 모습이 대표적인 경우이다. 만일 우리가 "이젠 피고 싶어/ 햇살 먹으며// 땅끝 닿는 후부드러운 꽃잎/ 붉은 모란으로"(「이젠 피고 싶어」)를 '꽃'이 아니라 시인의 욕망에 관한 진술로 읽을 수 있다면, 그리고 인간 또한 '꽃'이라고 말할 수 있다면, "유리상자"(「유리벽」)에서 벗어나려는 시인의 의지를 늙음, 즉 생물학적인 한계를 돌파하려는 신생新生의 욕망으로 해석할 수도 있을 듯하다. 이때 '학춤'은 이러한 욕망의 신체적 표현이라고 말할 수 있지 않을까.

현대시학시인선 136

학 춤

초판 1쇄 발행	2023년 12월 25일
지은이	박한자
발행인	전기화
책임편집	고미숙
발행처	현대시학사
등록일	1969년 1월 21일
등록번호	종로 라 00079호
주소	서울시 종로구 계동길 41
전화	02.701.2341
블로그	http://blog.daum.net/hdsh69
이메일	hdsh69@hanmail.net
배포처	(주)명문사 02.319.8663
ISBN	979-11-93615-07-2 03810

○ 책값은 뒤표지에 있습니다.
○ 이 책의 판권은 지은이와 현대시학사에 있습니다.
   이 책 내용의 전부 또는 일부를 재사용하려면 반드시 양측의 서면 동의를 받아야 합니다.
○ 잘못 만들어진 책은 구입하신 서점에서 교환해드립니다.